AF479446

LA QUESTION

DE TUNIS

PAR

LE COMTE DE MAUGNY

Ancien Agent diplomatique en Orient.

———

PARIS

IMPRIMERIE TYPOGRAPHIQUE KUGELMANN

12, rue de la Grange-Batelière, 12.

—

1881

LA QUESTION

DE TUNIS

PAR

LE COMTE DE MAUGNY

Ancien Agent diplomatique en Orient.

PARIS

IMPRIMERIE TYPOGRAPHIQUE KUGELMANN

12, rue de la Grange-Batelière, 12.

1881

LA QUESTION DE TUNIS

La diplomatie française a été souvent calomniée. L'esprit de dénigrement à outrance qui caractérise notre époque s'est complu, dans maintes circonstances, à dénaturer ses actes et on l'a accusée de manquer de perspicacité alors qu'un objectif invariable et précis lui faisait seul défaut.

Il est certain, toutefois, que nos hommes d'Etat ont depuis longtemps un goût prononcé et malheureusement peu justifié pour ce qu'on peut appeler la politique de sentiment. Dans ces trente dernières années, surtout, même les plus éminents d'entre eux ont donné dans ce travers, et, à de rares exceptions près, ils se sont montrés plus préoccupés, dans les affaires internationales, de nous ne savons quel idéal diplomatique que de la solution pratique des questions où nos intérêts se trouvaient directement engagés.

Au nombre de ces dernières, et en première
ligne pour le moment, se place incontestablement
la question de Tunis. Il n'en est peut-être pas une
qui intéresse plus vivement la France et qui soit
moins connue des Français.

Quoi de plus essentiel pour nous, cependant,
que d'assurer d'une façon incontestable et incon-
testée notre influence dans la régence de Tunis?

La situation géographique de cette principauté,
qui confine à l'est avec notre colonie algérienne,
autant que le nombre et l'importance des intérêts
français engagés ne laissent aucun doute à cet
égard.

Le Bey est absolument incapable de maintenir
sérieusement l'autonomie de ses Etats. Son gouvernement est sans force, sans dignité, sans éner-
gie. Le pays, honteusement exploité par une demi-
douzaine de hauts fonctionnaires, est en proie à la
plus complète anarchie. Sans administration, sans
justice, sans armée, il est nécessairement ouvert à
toutes les intrigues du dehors.

Mustapha Ben Ismaïn, premier ministre du
Bey, gouverne en son nom avec une autorité sans
bornes et sans contrôle. Esprit médiocre, caractère mesquin, nature molle et débauchée, pas-
sionné à l'excès pour les richesses, il se livre inces-
samment aux plus scandaleuses exactions. Préoc-
cupé avant tout de son intérêt personnel, que ses
connaissances bornées ne lui permettent même pas
de discerner avec clairvoyance, cet homme d'Etat à

courtes vues est rebelle par tempérament autant que par calcul à toute idée de progrès.

Il en résulte, d'une part, une inconcevable incurie à l'égard des désordres continuels qui ont lieu sur la frontière algérienne et des incursions sans cesse renouvelées des tribus insoumises sur notre territoire; d'autre part, une force d'inertie irrésistible opposée aux légitimes exigences du Gouvernement français ; résistance qui, il faut bien l'avouer, trouve quelquefois son point d'appui dans les encouragements platoniques du consul d'Italie, plus zélé que clairvoyant.

Or, il est évident, pour tout esprit non prévenu, que nous avons le droit et le devoir, non seulement d'exiger du Bardo qu'il fasse la police de sa frontière et qu'il ne compromette pas la sécurité de la nôtre, comme il ne cesse de le faire, par son incurie, sa faiblesse ou sa mauvaise volonté, mais encore d'empêcher que la tranquillité d'un Etat aussi voisin de l'Algérie soit constamment menacée et que des influences rivales de la nôtre puissent y avoir cours.

En un mot, étant incontestablement intéressés à ce que personne en dehors de nous, n'exerce à Tunis une action prépondérante, nous devons, à tout prix, nous placer vis-à-vis du Gouvernement tunisien dans une situation assez forte pour que rien de préjudiciable aux interêts qu'il nous importe de défendre ne puisse s'accomplir dans la Régence.

Cela est si vrai, qu'à travers toutes les hésitations de notre politique extérieure et malgré la tendance que nous avons signalée plus haut chez nos hommes d'Etat, la France a constamment cherché, et elle y est parvenue déjà dans une large mesure, à accroître son ingérence dans les affaires de Tunis.

C'est ainsi que nous avons obtenu, sans qu'il soit possible actuellement de nous le contester, le monopole exclusif des postes et des télégraphes. En outre, la construction du port de Tunis a été concédée à une Compagnie française, qui n'attend que la décision des Chambres sur la garantie d'intérêts qu'elle demande pour commencer les travaux. Enfin, c'est la société marseillaise qui est devenue propriétaire de la concession de M. de Sancy et c'est la même Société qui a acheté les vastes domaines du général Khérédine.

A l'égard des chemins de fer, la situation n'est point identique, mais le monopole n'en existe pas moins, bien qu'il ait ici le caractère d'un simple privilège. Par une convention spéciale passée avec le Bey, aucun chemin de fer ne peut, à l'avenir, être construit dans la Régence sans que l'entreprise n'en ait été offerte préalablement à une Compagnie française; et, à conditions égales, celle-ci doit avoir la préférence.

Cet engagement équivaut en fait à l'exclusion en matière de chemins de fer, de toute autre nation que la France. Elle paralyse notamment, de la façon la plus absolue, la Compagnie italienne qui a construit la petite ligne de Tunis à la Goulette et ne lui laisse aucun espoir de la prolonger au-delà des limites actuelles. Il est même peu probable que, dans ces conditions, elle puisse se maintenir longtemps.

A ces intérêts matériels que possède la France en Tunisie, il convient d'ajouter la protection exclusive des catholiques, protection qui, dans toutes les contrées d'Orient, est pour nous un puissant élément d'influence.

Mais tout cela est insuffisant. Nous avons trop ou trop peu, car, comme l'a fort justement dit un de nos diplomates les plus distingués, l'influence ne se partage pas. Il faut la posséder tout entière ou se résigner à la perdre complètement. Le terrain que nous avons si sagement conquis en Tunisie nous crée donc l'obligation de persévérer dans une voie où l'on ne s'arrête pas sans danger, et nous devons aujourd'hui marcher d'un pas mesuré mais ferme vers un objectif qui ne saurait nous être légitimement contesté. Nous devons, en un mot, acquérir dans la Régence assez d'autorité, assez de pouvoir pour y assurer définitivement la protection de nos intérêts et pour que rien d'essentiel ne puisse s'y faire, non seulement contre nous, mais encore en dehors de nous. Nous le devons sous peine de la plus maladroite des abdications et de la plus humiliante des déchéances.

Qu'on ne se méprenne point, toutefois, sur nos intentions. Il ne s'agit nullement ici de conquête matérielle et rien n'est plus éloigné de notre pensée qu'une prise de possession par la France du territoire tunisien. Nous avons, au contraire, la conviction qu'une résolution de ce genre présenterait plus d'inconvénients que d'avantages, qu'elle ne pourrait que nous créer des difficultés, qu'elle serait impolitique et maladroite.

Ce que nous désirons, ce que nous considérons comme nécessaire, indispensable, urgent, c'est, nous tenons à le préciser, un protectorat avoué, régulier, incontesté et sanctionné par un traité. Ce protectorat, de l'aveu unanime de tous les hommes compétents et impartiaux, s'impose actuellement comme une nécessité et rien ne s'oppose à ce qu'il devienne promptement une réalité. Nous avons trop de confiance dans les lumières de M. Barthélemy Saint-Hilaire pour supposer un seul instant que l'évidence de la situation échappe à sa perspicacité.

Et c'est ici le lieu et le moment de réduire à leurs véritables proportions certains faits que la rumeur publique nous semble avoir singulièrement dénaturés dans ces derniers temps. Le sujet est délicat et nous ne l'aborderons qu'avec toute la réserve qu'il comporte. Mais il convient, ce nous semble, de dissiper les équivoques et de remettre toutes choses en place.

On a mené grand bruit de l'attitude de l'Italie dans la question tunisienne et de ses prétendues visées ambitieuses de ce côté. A la suite de certaines séances orageuses du Parlement italien, où les affaires de Tunis avaient servi de prétexte aux attaques violentes de l'opposition et de diversion habile au ministère, l'opinion publique en France, toujours disposée à exagérer les événements lorsque les circonstances la font sortir de son apathie habituelle, s'est émue outre mesure d'une série d'incidents qui, en fait, ne sont jamais sortis des sphères purement parlementaires et n'ont eu d'autre caractère que celui d'un mouvement d'opinion comme il s'en produit fréquemment dans les pays libres.

La presse des deux pays s'en est mêlée. L'amour-propre aidant, certains esprits se sont échauffés et on est allé jusqu'à prononcer le mot de désaccord. On a même, parfois, poussé plus loin l'exagération. Rien cependant, n'est plus complètement inexact.

La vérité est que le gouvernement italien, trop avisé et trop habile pour vouloir sérieusement suivre en Tunisie une politique de conquête et d'envahissement, n'a jamais songé au fond à nous y contester notre légitime influence. Et, si à certaines heures, les ministres du roi Humbert se sont servis de la question tunisienne pour faire diversion, comme nous le disions tout à l'heure, aux appétits immoderés des partisans de l'*Italia irredenta* et des forcenés de l'opposition, leur attitude à cet égard n'a eu en réalité d'autre importance que celle d'une manœuvre parlementaire et d'autre valeur que celle d'un argument de tribune. Il suffirait d'un peu d'habileté de notre part pour dissiper ce nuage, qui n'a rien, au fond, de menaçant.

On a beaucoup parlé aussi de l'Allemagne. Les gens qui aperçoivent partout la main de M. de Bismarck ont prétendu qu'il verrait d'un mauvais œil l'établissement définitif de notre prépondérance à Tunis et qu'il pourrait être, sous ce rapport, imprudent de notre part de revendiquer les garanties indispensables à la sécurité de notre frontière algérienne.

En vérité, c'est pousser un peu loin la pussillanimité et l'ignorance. Tout le monde sait qu'au Congrès de Berlin la régence de Tunis nous a été offerte catégoriquement et il n'est pas un homme politique qui ignore qu'à l'heure actuelle, l'Allemagne, qui n'a aucun intérêt contraire aux nôtres dans la question, assisterait avec indifférence, si ce n'est avec plaisir, à l'établissement de notre protectorat en Tunisie.

Certains esprits superficiels ont même reproché à M. Waddington d'avoir décliné au nom de la France l'occupation et la possession de Tunis lorsqu'elle lui a été offerte. Nous pensons, nous, que ce fut un acte de haute sagesse, et nous croyons savoir qu'il est dû, non à M. Waddington, mais à l'influence et aux conseils de M. Gambetta. Nous sommes, d'ailleurs, autorisé à penser que sans revenir sur la décision prise à la suite du Congrès de Berlin, le Président de la Chambre des députés, après certaines hésitations inspirées surtout par le désir de multiplier les ménagements vis-à-vis de l'Italie, a compris la nécessité de recommander et, au besoin, d'imposer, en Tunisie, une solution claire, décisive et pratique destinée à clore et à prévenir des difficultés sans cesse renaissantes.

Si, en effet, la prise de possession de Tunis eût été une faute, le protectorat, nous ne cesserons de le répéter, est une nécessité. Pour couper court à toutes les intrigues et à tous les malentendus, à tous les troubles et à tous les désordres qui ont lieu continuellement sur notre frontière, pour empêcher que notre influence ne soit amoindrie et finalement détruite, il faut se hâter de prendre à cet égard, une résolution énergique. Il faut établir notre protectorat ou renoncer définitivement à toute action, à tout intérêt en Tunisie, ce qui serait la pire des humiliations, la plus coupable des abstentions, peut-être un jour la perte de l'Algérie.

Pour assurer le protectorat de la France dans la régence de Tunis, le gouvernement français, nous croyons l'avoir démontré, n'a en ce moment qu'à vouloir. Son devoir est donc tout tracé, et le pays ne lui pardonnerait pas d'y manquer dans une circonstance où son intérêt et son honneur sont si directement engagés.

Paris — Imp. Kugelmann, 12, rue Grange-Batelière.